À la messe,
c'est le temps de l'Accueil

Chant d'entrée
Nous chantons ensemble pour entrer dans la prière.

Signe de croix
Nous traçons, sur nous, le signe de croix et nous accueillons l'amour de Dieu, Père, Fils et Saint Esprit.

Préparation pénitentielle
Nous demandons pardon à Dieu.

Gloire à Dieu
Nous acclamons Dieu pour sa grandeur et son amour.

Prière d'ouverture
Nous sommes invités par le prêtre à prier et à écouter la Parole de Dieu.

À chaque Eucharistie, Jésus nous invite à nous rassembler. Ainsi, nous formons la grande famille des chrétiens.

Henri

Caroline

Attitude

« Se tenir debout » : c'est la position du Ressuscité ! Jésus nous appelle à être ses amis, libres de le suivre et de répondre à son invitation.

Au nom du Père,

4 Temps fort « Devenez ce que vous recevez »

p. 32

Cette rencontre aura lieu

le ....

à .... h ....

5 Célébration du sacrement

p. 40

La célébration aura lieu

le ....

à .... h ....

6 Être envoyé dans le monde

p. 42

Cette rencontre aura lieu

le ....

à .... h ....

Le temps de l'Envoi

Je m'appelle ....

Itinéraire

1 PREMIÈRE ÉTAPE

Être accueilli et accueillir

Line

Marie

Tim

du Fils et du Saint Esprit

Comment réponds-tu à l'invitation de Jésus-Christ ?

« D'abord je demande à mes parents, ensuite je viens pour mieux connaître Jésus. »

Baptiste - 9 ans

« C'est comme si j'étais invitée à un anniversaire. J'y réponds, toute contente. »

Amélie - 10 ans

« Même si j'ai des difficultés dans ma vie, j'essaie de venir avec joie. »

Pierre - 29 ans

« Avant de venir, je prends le temps de me préparer en lisant l'Évangile du dimanche. »

Amande - 65 ans

Jésus appelle ses disciples...

D'après Matthieu 4, 18-22

Il t'appelle aussi à le suivre. Et toi, qu'est-ce qui te donne envie de suivre Jésus ?

À faire tout seul

À l'accueil,
j'ai bien aimé...

Au jour de ton baptême, Dieu t'a accueilli comme son enfant, par ton prénom. Tu as grandi, tu avances sur ta route en chrétien. Aujourd'hui, Jésus t'appelle et t'invite à le rencontrer.

Prière

Comme la maman qui va accoucher
prépare le berceau pour son petit,
toi, mon Seigneur et mon Dieu,
tu as préparé pour moi
le berceau de ton amour.

Est-il possible, ô mon Dieu,
que j'aie été aimé,
si doucement aimé de toi ?
Que tu aies pu penser à moi
en particulier ?

Oui, Seigneur, tu m'as aimé
comme s'il n'y avait pas eu
d'autres personnes au monde que moi,
car tu penses à chacun de nous
comme s'il était unique au monde.

Saint François de Sales

Tim et Line

SUPER, JE SUIS INVITÉ !

À faire tout seul

Pourquoi aimes-tu venir à la messe ?

____

____

____

____

____

Étape 1

Pour toi

Avec ta famille

La messe est le temps de rassemblement des chrétiens. C'est le Christ qui invite ! Il est présent, au milieu de ce peuple rassemblé.

C'est un peuple de personnes très différentes avec des liens d'amitié, mais parfois aussi des conflits, des tensions. Ce qui fait le point commun, c'est de partager la même foi, le même baptême… Tous différents mais tous invités par le Christ !

Prière

Toi, Père, ton nom est amour.
Tu crées sans cesse, gratuitement.
M'habiller de toi, me signer le front,
c'est me vêtir d'amour.

Toi, Jésus Christ, ton nom est Fils.
Tout sur cette terre fut pour toi
occasion de dire l'amour de ton Père.
Tes paroles et tes gestes,
ta mort et ta résurrection
ont affirmé à tous le don et le salut,
hier et aujourd'hui.
M'habiller de toi, t'inscrire en mon cœur,
c'est me vêtir d'amour.

Toi, Esprit Saint, ton nom est multiple :
souffle, vent, feu, lumière.
Tu envahis les hommes
qui se veulent disponibles.
M'habiller de toi, me couvrir les épaules,
c'est me vêtir d'amour.

Me vêtir de vous, Père, Fils et Esprit,
c'est me couvrir de Dieu.

Pour aller plus loin

Peux-tu raconter un moment de la messe que tu aimes ?

Pour toi, la meilleure manière de te préparer à communier, c'est :

- Prier avant de partir à la messe,
- Bien t'habiller,
- Bien écouter les lectures de la messe.

Espace BRICO !

Une croix en pâte à sel

Matériel :

- 2 verres de farine
- 1 verre d'eau
- 1 verre de sel fin
- De la gouache de couleur

Dans un saladier, mélanger la farine, l'eau et le sel jusqu'à obtenir une pâte homogène.

Former une croix avec la pâte, éventuellement la décorer. Ne pas oublier de faire un petit trou en haut pour pouvoir la suspendre.

Avec l'aide de tes parents, mettre la croix au four à 100°C pendant deux heures.

Quand la croix a refroidi, la peindre ou la vernir.

Elle est prête. Choisir un endroit où l'installer.

Quand deux ou trois sont réunis en mon nom, je suis là, au milieu d'eux. Matthieu 18, 20

2 DEUXIÈME ÉTAPE

Écouter la Parole

À la messe,

c'est le temps de la Parole

Première lecture
Nous écoutons un texte de l'Ancien Testament.

Psaume
Nous prions, en écho à la première lecture.

Deuxième lecture
Nous écoutons un passage d'une lettre des premiers chrétiens.

Acclamation de l'Évangile
Nous disons notre joie d'accueillir Jésus-Christ présent.

Évangile
Nous écoutons la Bonne Nouvelle de Jésus-Christ.

Homélie
Le prêtre nous aide à mieux comprendre la Parole de Dieu, pour la vivre.

Profession de foi
Nous répondons à la Parole de Dieu en disant ensemble : « je crois ».

Prière universelle
Nous prions Dieu pour tous les hommes.

Acclamons la Parole de

Attitude

« Être assis » : c'est la position de l'écoute. Le corps est au repos pour être attentif à la Parole de Dieu.

Dieu

Nous rendons grâce à Dieu

Pourquoi la Parole de Dieu est importante pour toi ?

« Écouter les lectures de la Bible m'aide à connaître qui est Dieu et à croire en lui. »

Audrey - 9 ans

« Entendre l'histoire des croyants en Dieu me pousse à être plus attentif aux autres. »

Nicolas - 11 ans

« Chaque fois que j'entends la Parole de Dieu, je crois qu'on parle de ma foi et de ma vie. »

Judith - 50 ans

« La Parole de Dieu m'appelle à avoir confiance en Dieu et à vivre avec les autres chrétiens. »

Yvan - 17 ans

L'Évangile du dimanche

Colle ici
le texte de l'Évangile

Tous les dimanches, tu entends à la messe quatre passages de la Bible. La première lecture est habituellement de l'Ancien Testament, sauf pendant le temps pascal où c'est un passage des Actes des Apôtres. Le deuxième passage est un Psaume : il est parfois chanté et toute l'assemblée y participe en reprenant le refrain. Le troisième est une lecture d'une lettre du Nouveau Testament. Enfin, toute l'assemblée se lève pour acclamer l'Évangile.

Et toi, comment préfères-tu écouter la Parole de Dieu ?

Sais-tu que le mot « Évangile » signifie « Bonne Nouvelle » !

À partager

En équipe

Seigneur, ta Parole est vivante...

Seigneur je t'aime !

Seigneur tu m'invites à te connaître, tu

m'invites à te suivre, à aimer les autres.

Seigneur apprends-moi à aimer –

Amen

À l'annonce « Évangile de Jésus-Christ selon saint ... » toute l'assemblée, debout, répond « Gloire à toi Seigneur » en se signant sur le front, sur la bouche et sur le cœur. Par cette triple signation, nous exprimons le désir d'inscrire l'Évangile, Bonne Nouvelle, dans notre intelligence, de le proclamer de nos lèvres et d'en vivre dans notre cœur.

Prière

Ta Parole est comme l'eau.
Rafraîchis-nous à sa source,
Plonge-nous dans son courant,
Entraîne-nous vers sa mer.
Ta Parole est comme le feu.
Qu'elle nous éclaire,
Sans nous éblouir.
Qu'elle nous réchauffe
Sans nous brûler.
Qu'elle nous embrase
Sans nous dévorer.
Ta Parole est comme le ciel.
Élargis-nous en elle,
Pour que nous connaissions
La hauteur et la profondeur
De tout ce qui est.
Ta Parole est comme la terre.
Enracine-nous en elle,
Pour que nous éprouvions
La solidité et la constance,
De tout ce que tu donnes,
Exiges et promets.
Amen

André Dumas

Tim et Line

JE VIS LA PAROLE DE DIEU !

À faire tout seul

Quelle est ta manière de vivre la Parole de Dieu ?

____

____

____

____

____

____

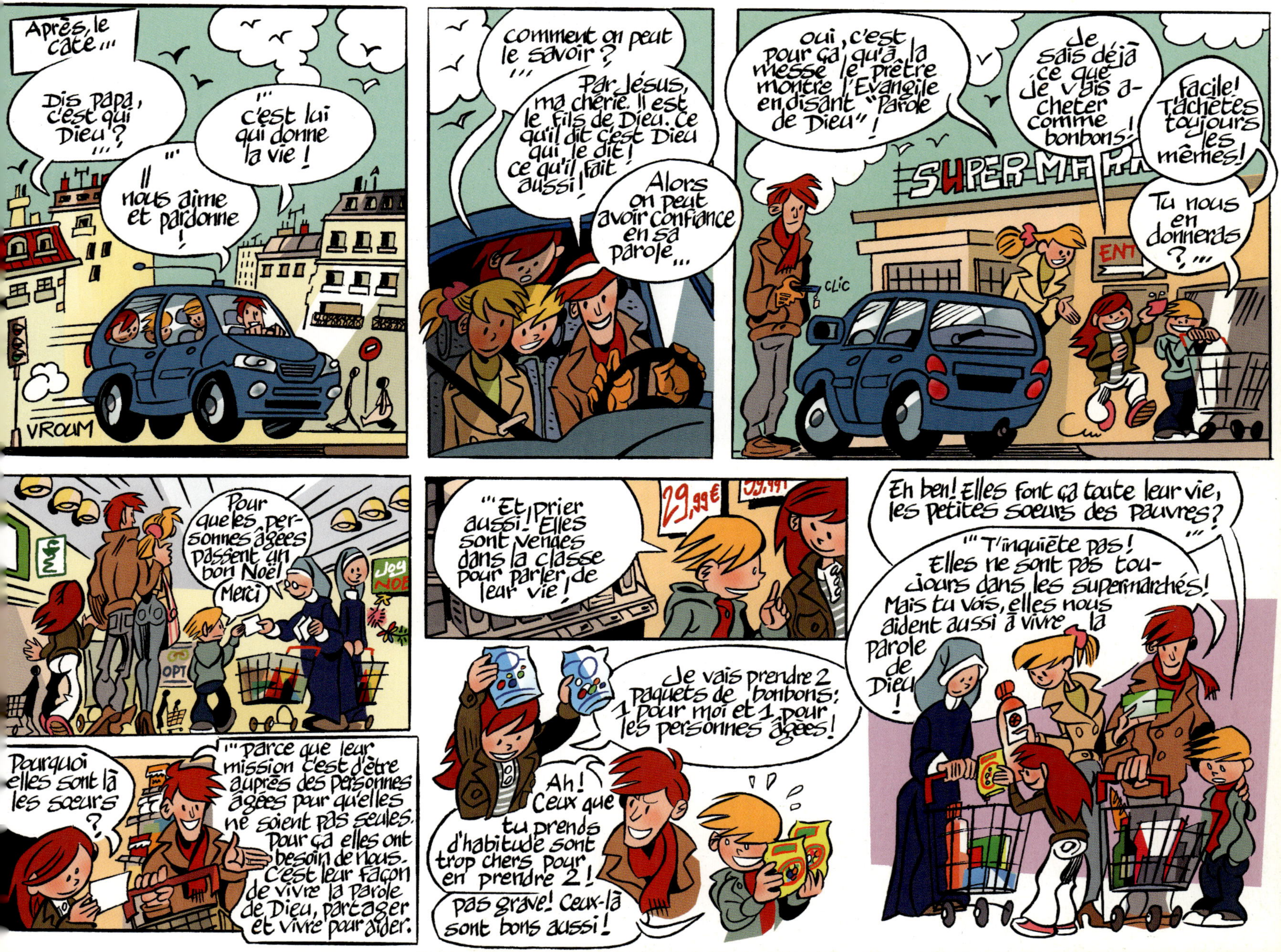
Après, le caté...
Dis papa, c'est qui Dieu ?...
... C'est lui qui donne la vie !
... Il nous aime et pardonne !
VROUM
Comment on peut le savoir ?...
Par Jésus, ma chérie. Il est le Fils de Dieu. Ce qu'il dit c'est Dieu qui le dit ! Ce qu'il fait aussi !
Alors on peut avoir confiance en sa parole...
Oui, c'est pour ça qu'à la messe le prêtre montre l'Évangile en disant "Parole de Dieu" !
CLIC
Je sais déjà ce que je vais acheter comme bonbons !
Facile ! Tu achètes toujours les mêmes !
Tu nous en donneras ?...
Pour que les personnes âgées passent un bon Noël
Merci
... Et prier aussi ! Elles sont venues dans la classe pour parler de leur vie !
29,99 €
Eh ben ! Elles font ça toute leur vie, les petites soeurs des pauvres ?...
... T'inquiète pas ! Elles ne sont pas toujours dans les supermarchés ! Mais tu vois, elles nous aident aussi à vivre la Parole de Dieu !
Pourquoi elles sont là les sœurs ?
... Parce que leur mission c'est d'être auprès des personnes âgées pour qu'elles ne soient pas seules. Pour ça elles ont besoin de nous. C'est leur façon de vivre la Parole de Dieu, partager et vivre pour aider.
Je vais prendre 2 paquets de bonbons : 1 pour moi et 1 pour les personnes âgées !
Ah ! Ceux que tu prends d'habitude sont trop chers pour en prendre 2 !
Pas grave ! Ceux-là sont bons aussi !

La Bible, une véritable bibliothèque !

Le mot « Bible » vient d'un mot grec qui signifie « livre ». En fait, soixante-treize livres y sont réunis. Les auteurs de la Bible ont été inspirés par l'Esprit Saint et ils ont voulu partager avec d'autres hommes leur foi en Dieu qui se révèle aux croyants.

L'Ancien Testament et le Nouveau Testament

L'Ancien Testament : quarante-six livres pour découvrir l'histoire du peuple d'Israël et son Dieu ainsi que des prières et méditations.

Le Nouveau Testament : vingt-sept livres pour découvrir Jésus le Christ : les quatre Évangiles, les Actes des apôtres et les lettres des premiers chrétiens.

Comment trouver un passage dans la Bible ?

Tous les livres de la Bible ont un nom qui est souvent indiqué sous la forme d'une initiale, par exemple, Gn pour Genèse ou Lc pour Luc. Chaque livre est divisé en chapitres, eux-mêmes divisés en versets (des phrases numérotées). Pour situer un texte, on donne le nom du livre, puis le chapitre, et enfin le verset. Par exemple, la phrase de Jésus : « Moi, je suis le pain de la vie » se trouve dans l'évangile selon saint Jean, au chapitre 6, verset 35 ; en abrégé, cela s'écrit Jn 6, 35. Essaie de le trouver dans une Bible !

BIBLE : du grec *ta biblia* qui signifie « les livres ».

TESTAMENT : du latin *testamentum* qui vient du mot hébreu *bérit*, qui signifie « alliance ».

Heureux... ceux qui entendent la Parole de Dieu. Luc 11, 28

Prière

Tu nous fais confiance

Dieu, Père du monde, tu nous offres,
À nous les hommes, de pouvoir choisir.
Construire ou démolir ?
Changer la terre en jardin ou en décharge ?
Nous disputer ou nous entendre ?
Nous attrister les uns les autres
ou nous consoler ?
Aide-nous à embellir encore la vie
que tu nous confies.

Pour aller plus loin

Que d'histoires dans la Bible ! Raconte l'une d'entre elles à ta famille, et demande aussi à toutes les personnes de ta famille d'en raconter une.

Espace BRICO !

Fabrique un petit livre

Un petit livre pour écrire quelques paroles de la Bible que vous retenez en famille.

Matériel :

- Des feuilles blanches ou de couleurs (format A4)
- De la ficelle, des agrafes ou un ruban
- Des crayons pour écrire et pour dessiner
- Des ciseaux

Couper les feuilles en deux dans le sens de la largeur.
Les plier en deux, toutes ensemble.
Avec l'aide de tes parents, les agrafer dans la pliure, ou glisser la ficelle ou le ruban à l'intérieur de la pliure et faire un nœud à l'extérieur. Les agrafes ou la ficelle doivent permettre aux feuilles de tenir ensemble.
Décorer la couverture.
Écrire la parole biblique entendue le jour de l'étape.
Chaque semaine, vous êtes invités à écrire la parole biblique que vous appréciez.

3 TROISIÈME ÉTAPE

Être invité et partager le repas du Seigneur

À la messe,
c'est le temps de l'Eucharistie

Préparation et présentation des dons
Avec le pain et le vin, nous présentons à Dieu toute la vie des hommes.

Prière eucharistique
Nous disons merci à Dieu pour la vie qu'il nous donne par son Fils.

Notre Père
En redisant la prière que Jésus nous a laissée, nous reconnaissons que Dieu est Notre Père.

Signe de paix
Nous recevons et partageons la paix du Christ.

Fraction du pain et communion
En recevant le pain rompu, nous communions au Corps du Christ.

Attitude

« Lorsque tu t'inclines » : au moment de la consécration, lorsque le prêtre présente le pain puis le vin, l'assemblée s'incline. C'est une attitude de respect et d'adoration. Nous reconnaissons que Jésus est présent par ce pain et ce vin consacrés. Devant la présence de Dieu qui se donne à nous, nous nous inclinons.

Le corps du Christ ! Amen

Pourquoi communies-tu ?

« C'est pour montrer que je suis vraiment en Jésus. Il est vraiment avec moi ! »

Clément - 10 ans

« Pour moi, partager le "corps du Christ" c'est un moment très fort. Je fais confiance à Jésus et lui aussi me fait confiance. »

Katel - 11 ans

« Quand je communie, j'ai l'impression de faire partie d'une grande famille qui a commencé il y a 2000 ans. Ce sont les mêmes gestes que nous faisons, les mêmes paroles ! Ça me fait du bien ! »

Arthur - 16 ans

« L'Eucharistie, pour moi, c'est faire mémoire de ce que Jésus a fait pour nous. C'est un moment de partage : j'offre toute ma vie et Jésus me donne la sienne. Je laisse Dieu être Dieu en moi ; ce qui me donne une force, un appui pour vivre ma vie au quotidien, en famille et avec les autres. »

Marie-Christine - 45 ans

Faites cela en mémoire de moi

les Rameaux

le dernier repas

l'arrestation

la mort sur la croix

la Résurrection

Prière eucharistique

C'est lui, Jésus, le Christ, qui nous rassemble maintenant autour de cette table où nous apportons notre offrande.

Sanctifie, Père très bon, ce pain et ce vin : ils deviendront pour nous le corps et le sang de Jésus, ton Fils, qui nous dit de faire à notre tour ce qu'il a fait lui-même la veille de sa Passion.

Au cours du dernier repas qu'il partageait
avec ses disciples,
Jésus prit le pain. Il te rendit grâce.
Il partagea le pain et le donna à ses amis
en leur disant :
« Prenez, et mangez-en tous :
Ceci est mon corps, livré pour vous ».

Il prit aussi la coupe de vin. Il te rendit grâce.
Il donna la coupe à ses amis, en leur disant :
« Prenez, et buvez en tous,
car ceci est la coupe de mon sang,
le sang de l'Alliance nouvelle et éternelle,
qui sera versé pour vous et pour la multitude
en rémission des péchés ».

Il leur dit aussi :
« Vous ferez cela en mémoire de moi ».

Voilà pourquoi nous sommes ici, rassemblés devant toi, Père. Et tout remplis de joie, nous rappelons ce que Jésus à fait pour nous sauver : dans cette offrande qu'il a confiée à l'Église, nous célébrons sa mort et sa résurrection ; Père du ciel, accueille-nous avec ton Fils bien-aimé.

Le Notre Père. C'est la prière de tous les chrétiens ! Lorsque Jésus était avec ses disciples, au mont des Oliviers, il leur a demandé de prier comme lui. Lorsque nous prions ainsi, nous apprenons à prier comme Jésus en appelant Dieu Notre Père.

Prière

Notre Père, qui es aux cieux
Que ton nom soit sanctifié,
Que ton règne vienne,
Que ta volonté soit faite
Sur la terre comme au ciel.
Donne-nous aujourd'hui
Notre pain de ce jour.
Pardonne-nous nos offenses,
Comme nous pardonnons aussi
À ceux qui nous ont offensés.
Et ne nous soumets pas à la tentation, x
Mais délivre-nous du mal.
Amen

Et ne nous laisse pas entrer en tentation

Tim et Line

JE SUIS VRAIMENT LÀ !

À faire tout seul

Et toi, que peux-tu vivre cette semaine pour être plus attentif aux autres ?

Sais-tu que le mot « Eucharistie » signifie « rendre grâce », dire merci à Dieu !

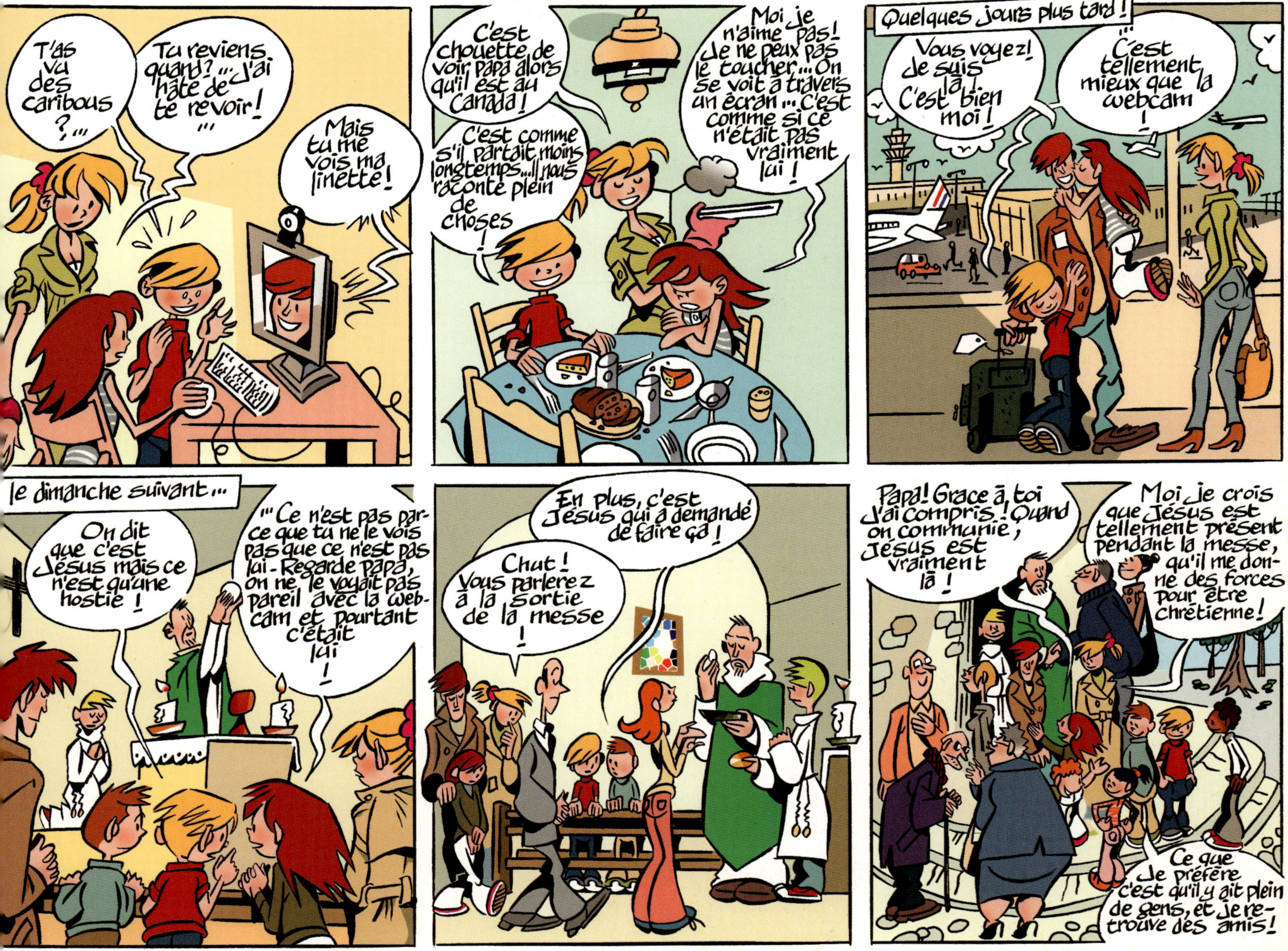
T'as vu des caribous ?...
Tu reviens quand ?... J'ai hâte de te revoir ! ...
Mais tu me vois ma linette !
C'est chouette de voir papa alors qu'il est au Canada !
C'est comme s'il partait moins longtemps... Il nous raconte plein de choses !
Moi je n'aime pas ! Je ne peux pas le toucher... On se voit à travers un écran... C'est comme si ce n'était pas vraiment lui !
Quelques jours plus tard !
Vous voyez ! Je suis là ! C'est bien moi !
... C'est tellement mieux que la webcam !
le dimanche suivant...
On dit que c'est Jésus mais ce n'est qu'une hostie !
... Ce n'est pas parce que tu ne le vois pas que ce n'est pas lui - Regarde papa, on ne le voyait pas pareil avec la webcam et pourtant c'était lui !
En plus, c'est Jésus qui a demandé de faire ça !
Chut ! Vous parlerez à la sortie de la messe !
Papa ! Grace à toi j'ai compris ! Quand on communie, Jésus est vraiment là !
Moi je crois que Jésus est tellement présent pendant la messe, qu'il me donne des forces pour être chrétienne !
Ce que je préfère c'est qu'il y ait plein de gens, et je retrouve des amis !

Comment prier le Notre Père en famille ?

Avec ta famille, écris quelques intentions de prière pour les dire ensemble.

Avant tout, en l'aimant ! On ne transmet bien à nos enfants que les choses que l'on aime et auxquelles nous croyons profondément. Lorsque Jésus demande à ses disciples de prier, en appelant Dieu Notre Père, il les emporte dans sa relation d'amour avec son Père : Jésus dit « Abba » ce qui signifie « mon petit papa chéri » : n'est-ce pas une déclaration d'amour ? Prier en famille, c'est petit à petit prendre conscience de cet amour immense de Dieu pour chacun d'entre nous, et lui donner sa place dans notre famille, un peu comme un lien d'amour entre chacun.

En prenant son temps. Pour ne pas tomber dans la routine d'une prière rabâchée tous les jours et continuer à goûter chaque mot ! En commençant par s'étonner du mot Père ! Avec lui nous réalisons que nous sommes enfants de Dieu et frères en Jésus-Christ. Ce seul mot est un appel à l'écoute, à l'attention, à la rencontre… alors lentement et avec tendresse laisser la prière que Jésus disait à son Père monter vers lui.

En l'accompagnant de quelques gestes. La meilleure intériorisation passe par le corps. Par l'attitude, la position choisie pour la prière, par la voix, et par quelques gestes qui portent le sens. Mains levées, mains tendues, mains jointes, mains ouvertes ou reliées en signe de fraternité. Une manière d'éviter d'apprendre le Notre Père par cœur est de le dire avec cœur et de tout son corps.

Dieu Notre Père, tu es très bon.
Tu aimes même
ceux qui ne t'aiment pas.
Aide-les à te découvrir.

Sophie

Dieu Notre Père,
Merci pour tout ce que tu nous donnes.
Merci pour la joie.
Merci pour l'amour.
Dieu, merci pour tout !

Elouan

Dieu Notre Père,
tu es toujours avec nous.
Guéris-nous du mal.

Julien

Espace BRICO !

Le « porte-intention de prière »

Matériel :

- De la pâte à modeler de couleur qui durcit à l'air
- De la colle
- Des petites pinces à linge
- Des piques à brochette coupés en deux, ou des cure-dents

Avec la pâte à modeler, réaliser des formes (fleur, cœur, étoile…) puis fabriquer un petit socle.

Au dos de chacune des formes, coller une petite pince à linge la tête en bas, elle servira à pincer l'intention de prière.

Enfoncer la pique à brochette dans le socle, et dans la forme.

Écrire ou dessiner chacune des intentions de prières et les maintenir avec la pince à linge.

Avec ta famille

Jésus-Christ présent dans l'assem

Prière

Jésus,
chaque fois que je suis
avec d'autres pour
te parler, pour te prier
et pour entendre ta Parole,
tu es là.

Tu me fais connaître
qui est ton Père.
Il est Notre Père.

Tu m'aides à être ton ami
en me donnant ton Esprit.
Il est la force qui me
fait vivre.

Merci pour tous ces moments
où je te rencontre
dans l'assemblée des chrétiens.
Tu es vraiment là !

Jésus lui-même s'approcha, et il marchait avec eux.

À faire tout seul

À partager

blée

Évangile *Luc 24,13-17*

13 Le même jour, deux disciples faisaient route vers un village
appelé Emmaüs, à deux heures de marche de Jérusalem,
14 et ils parlaient ensemble de tout ce qui s'était passé.
15 Or, tandis qu'ils parlaient et discutaient, **Jésus lui-même
s'approcha, et il marchait avec eux**. 16 Mais leurs yeux étaient
aveuglés, et ils ne le reconnaissaient pas. 17 Jésus leur dit :
« De quoi causiez-vous donc, tout en marchant ? »
Alors, ils s'arrêtèrent, tout tristes.

Jésus-Christ présent dans la

Évangile *Luc 24,18-27*

18 L'un des deux, nommé Cléophas, répondit : « Tu es bien le seul de tous ceux qui étaient à Jérusalem
à ignorer les événements de ces jours-ci. » 19 Il leur dit : « Quels événements ? » Ils lui répondirent :
« Ce qui est arrivé à Jésus de Nazareth : cet homme était un prophète puissant par ses actes et ses
paroles devant Dieu et devant tout le peuple. 20 Les chefs des prêtres et nos dirigeants l'ont livré, ils l'ont
fait condamner à mort et ils l'ont crucifié. 21 Et nous qui espérions qu'il serait le libérateur d'Israël !
Avec tout cela, voici déjà le troisième jour qui passe depuis que c'est arrivé. 22 À vrai dire, nous avons été
bouleversés par quelques femmes de notre groupe. Elles sont allées au tombeau de très bonne heure,
23 et elles n'ont pas trouvé son corps ; elles sont même venues nous dire qu'elles avaient eu une
apparition : des anges, qui disaient qu'il est vivant. 24 Quelques-uns de nos compagnons sont allés au
tombeau, et ils ont trouvé les choses comme les femmes l'avaient dit ; mais lui, ils ne l'ont pas vu. »
25 Il leur dit alors : « Vous n'avez donc pas compris ! Comme votre cœur est lent à croire tout ce
qu'ont dit les prophètes ! 26 Ne fallait-il pas que le Messie souffrît tout cela pour entrer dans
sa gloire ? » 27 **Et, en partant de Moïse et de tous les Prophètes, il leur expliqua, dans toute
l'Écriture, ce qui le concernait.**

Et, en partant de Moïse et de tous les Prophètes, il leur expliqua, dans toute l'Écriture, ce qui le concernait.

Prière

**Seigneur ouvre mon intelligence afin que je reçoive ta Parole.
Seigneur, ouvre mes lèvres pour que j'annonce à mon tour ta Parole.
Seigneur, ouvre mon cœur et que par toute ma vie je puisse te reconnaître et t'aimer dans les personnes que je rencontre.**

Parole

À faire tout seul

Jésus-Christ présent dans le

À faire tout seul

Évangile *Luc 24, 28-32*

28 Quand ils approchèrent du village où ils se
rendaient, Jésus fit semblant d'aller plus loin.
29 Mais ils s'efforcèrent de le retenir : « Reste avec
nous : le soir approche et déjà le jour baisse. »
Il entra donc pour rester avec eux. 30 **Quand il fut
à table avec eux, il prit le pain, dit la
bénédiction, le rompit et le leur donna.** 31 Alors
leurs yeux s'ouvrirent, et ils le reconnurent, mais
il disparut à leurs regards. 32 Alors ils se dirent l'un
à l'autre : « Notre cœur n'était-il pas brûlant en
nous, tandis qu'il nous parlait sur la route, et qu'il
nous faisait comprendre les Écritures ? »

Attitude

« Communier » : « quand donc tu approches, ne t'avance pas en tendant la paume des mains, ni les doigts écartés. Mais puisque sur ta main droite va se poser le Roi, fais-lui un trône de ta gauche ; dans le creux de ta main, reçois le corps du Christ, et réponds : "Amen" ».

Saint Cyrille de Jérusalem

Quand il fut à table dit la bénédiction,

pain et le vin

**avec eux, il prit le pain,
le rompit et le leur donna.**

Étape 4

Temps fort

Jésus-Christ présent dans

Prière eucharistique

Père nous allons recevoir à cette table,
dans la joie de l'Esprit Saint,
le corps et le sang du Christ :
que cette communion nous rende capables
de vivre comme Jésus, entièrement donné à toi et aux autres.

À faire tout seul

À l'instant même, ils se levèrent et retournèrent à Jérusalem.

le frère

Évangile *Luc 24, 33-35*

33 **À l'instant même, ils se levèrent et retournèrent à Jérusalem.**
Ils y trouvèrent réunis les onze Apôtres et leurs compagnons, qui
leur dirent : 34 « C'est vrai ! le Seigneur est ressuscité : il est apparu
à Simon-Pierre. »
35 À leur tour, ils racontaient ce qui s'était passé sur la route,
et comment ils l'avaient reconnu quand il avait rompu le pain.

5 CINQUIÈME ÉTAPE

Célébration du sacrement

Aujourd'hui, tu as communié pour la première fois. C'est un grand jour pour ta vie de chrétien.
Garde un souvenir de cette belle journée : colle ici les photos de ta première des communions et demande à tes invités d'écrire un message pour toi !

J'ai communié pour la première fois

le .... à ....

À DIMANCHE
PROCHAIN !!!

6 SIXIÈME ÉTAPE

Être envoyé dans le monde

À la messe,
c'est le temps de l'Envoi

Bénédiction

Le prêtre nous bénit.

Envoi

Nous sommes envoyés
dans la paix du Christ
pour témoigner de la Bonne
Nouvelle.

Tu es invité tous les dimanches
à célébrer l'Eucharistie avec
la communauté chrétienne,

à ....h.........
dans l'église

....

Allez dans la Paix du Christ !

Nous rendons grâce à Dieu

À la messe, pourquoi dit-on « allez dans la Paix du Christ ! » ?

« Quand j'entends cette parole, je suis invitée à rester avec Jésus même après la messe. »

Émilie - 10 ans

« Pour moi, cela veut dire que je dois partager avec ma famille ce que j'ai vécu à la messe. C'est pourquoi, je leur raconte tout ce que j'ai fait. »

Antoine - 11 ans

« Quand le prêtre dit : "Allez dans la paix du Christ !", cela m'oblige à essayer de faire la paix avec ma famille et mes amis. Mais ce n'est pas facile ! »

Mariette - 55 ans

« Pour moi, il s'agit surtout d'être en paix avec soi-même. Pour m'y aider, le Christ est là. »

Jérémy - 17 ans

À partager

Comment accueilles-tu les autres ?

À partager

Comment prends-tu du temps pour écouter la Parole de Dieu et pour prier ?

À partager

Pour toi, que signifie : « Vivre comme Jésus » ?

À partager

Avec qui as-tu envie de partager la paix du Christ ?

Prière

C'est Dieu le Père de tous les croyants
qui vous rassemble aujourd'hui :
qu'il vous garde dans la foi
et vous fortifie pour annoncer sa Parole.

C'est Jésus-Christ qui vous invite encore
et toujours à partager le pain et le vin :
qu'il comble votre faim
et vous envoie auprès de vos frères
pour les aimer et les servir.

C'est l'Esprit Saint qui a ouvert le cœur
des disciples :
qu'il vous accompagne et vous aide
à porter au monde sa lumière.

Que Dieu tout-puissant vous bénisse,
le Père, le Fils et le Saint Esprit.
Amen.

Vivre de la paix du Christ !

À faire tout seul

Rejoins tes amis ! Qu'as-tu envie de partager avec eux ? Que reçois-tu d'eux ?

À faire tout seul

Tu rejoins ta famille. Que peux-tu lui offrir ?

À faire tout seul

Tu vas rencontrer de nouvelles personnes. Comment vas-tu faire leur connaissance ?

« Nous rendons grâce à Dieu »

À la fin de chaque Eucharistie, l'assemblée répond à l'invitation : « Allez, dans la paix du Christ / Nous rendons grâce à Dieu ». Que signifie cette parole ? Il ne s'agit pas seulement de dire merci pour tout ce que Dieu nous a donné au cours de l'Eucharistie, mais c'est aussi un appel à adopter une attitude qui guidera l'ensemble de notre vie. De retour chez soi, nous continuons à vivre de la paix du Christ et de son amour. Ainsi, Dieu nous appelle à reconnaître sa présence et son action au cœur de notre famille. Il est important de ne pas garder cela pour soi mais de l'exprimer à haute voix dans la prière, de rendre grâce pour tout ce que Dieu donne.

Il n'est pas toujours facile de trouver les bons mots pour dire merci à Dieu. Vous pouvez le faire en prenant les paroles du chant qui se trouvent sur ces pages. Elles vous aideront à reconnaître l'action de Dieu dans la vie des hommes, dans votre vie.

Prière

Je veux te dire
Merci pour tout ce que tu donnes
Merci pour la vie, pour les hommes
Pour chaque instant que tu façonnes
Et pour ces gestes qui te nomment,
Merci pour ce que tu nous donnes

1-Pour le regard posé
Sur cet homme blessé
Pour ce regard donné
Qui vient le réchauffer
Ce sourire qui naît
Et vient l'illuminer

Pour ces mains qui se serrent
Au delà des frontières
Ces mains hier colère
Qui se découvrent frères
Ce geste de lumière
Qui féconde nos terres.

2-Pour le pas qui respire
Un nouvel avenir
Le pas qui sait s'ouvrir
Et invite à partir
Comme une porte ouverte,
Un appel à renaître

Pour cette envie de vivre
Cet appel à te suivre
Qui nous prend, nous enivre
Et puis qui nous délivre
Page blanche du livre
Comme on quitte la rive.

3- Pour toute la confiance
Qui se vit en silence
Et s'offre en abondance
En signe d'espérance
Parce qu'elle est présence
Et porte la semence

Pour la voix qui s'élève
Au secret de nos rêves
Pour ce chant sur nos lèvres
Qui jamais ne s'achève
Parole qui relève
Et nourrit de sa sève.

Espace BRICO !

Une colombe

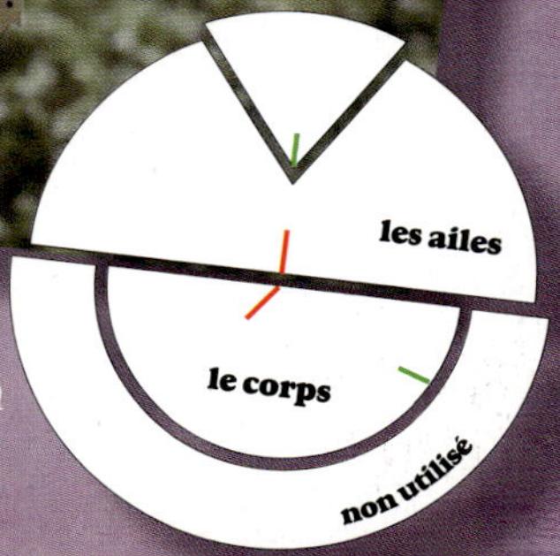

Matériel :

- Une assiette en carton
- Des ciseaux
- Une règle
- Un crayon

Découper l'assiette comme indiqué sur le modèle ainsi que les traits de couleur. Selon les encoches vertes de la queue de la colombe et de son corps, emboîter les deux parties. Faire de même avec les ailes. Dessiner un œil.

Avec ta famille

Photos : pp. 2-3 : © Michel Ogier/ADER Rennes - pp. 4-5 : © Corinne Mercier/Ciric ; © Michel Ogier/ADER Rennes ; © Éric Isselée/Fotolia.com ; © Petitonnerre/Fotolia.com ; © Diana Lundin/Istock.com ; © Shelly Perry/Istock.com - pp. 10-11 : © DR - pp. 14-15 : © Marcel Crozet/Ciric ; © Michel Ogier/ADER Rennes ; © Frère Thierry Hubert O.P. ; © Fred de Noyelle/Godong ; © Nikada/Istock.com ; © Zorani/Istock.com ; © Juanmonino/Istock.com ; © Ariel Duhon/Istock.com ; © Absolut_100/Istock.com - pp. 20-21 : © DR - pp. 22-23 : © Michel Ogier/ADER Rennes - pp. 24-25 : © Michel Ogier/ADER Rennes ; © P. Deliss/Godong ; © Yuri Arcurs/Fotolia.com ; © Joshua Hodge Photography/Istock.com ; © Henry Feather/Istock.com ; © Olga Czajkowska/Fotolia.com - pp. 30-31 : © DR - pp. 32-33 : © Corinne Mercier/Ciric - pp. 34-35 : © David Cannings-Bushell/Istock.com - pp. 36-37 : © Jean-Michel Leclercq/Fotolia.com - pp. 38-39 : © CF/Éditions CRER - pp. 42-43 : © Michel Ogier/ADER Rennes - pp. 44-45 : © Michel Ogier/ADER Rennes ; © Frère Thierry Hubert O.P. ; © CF/Éditions CRER ; © Debi Bishop/Istock.com ; © SteveStone/Istock.com ; © Narayan Lazic/Fotolia.com ; © Juanmonino/Istock.com - pp. 50-51 : © DR
Illustrations : © Étienne Jung : pp. 6-7 ; © Hervé Flores : 46-47 ; © Martin Jarrie : pp. 26-27 ; 32-39 ; © Rimo
Textes : Textes liturgiques : © AELF, Paris ; p. 8 « Le berceau de ton amour », Les plus belles prières des saints, Bayard jeunesse, 2006, p. 89 ; p. 21 « Tu nous fais confiance », Prières pour toute l'année, Bayard jeunesse, 2005, p. 80 ; p. 18 : Note de l'éditeur : Malgré nos recherches, nous n'avons pas pu joindre tous les ayants droit du document reproduit ci-dessus. Qu'ils trouvent ici invitation à nous contacter : www.editions-crer.fr © Éditions Cana ; p. 27 et p. 38 : Prière eucharistique pour assemblée d'enfants III ; p. 36 : Saint Cyrille de Jérusalem, © Éditions J.P. Migne www.migne.fr ; pp. 50-51 : Extrait album MEJ « Paroles en chemin » 25 ans en chansons, paroles et musiques : D. Rigaldo © Cristal Music

Comme *lui*

Texte et musique : R. Lebel

Refrain
Comme lui savoir dresser la table,
Comme lui nouer le tablier,
Se lever chaque jour
et servir par amour, comme lui.

1
Offrir le pain de sa parole
Aux gens qui ont faim de bonheur
Être pour eux des signes du royaume
Au milieu de notre monde.

2
Offrir le pain de sa présence
Aux gens qui ont faim d'être aimé
Être pour eux des signes d'espérance
Au milieu de notre monde.

3
Offrir le pain de sa promesse
Aux gens qui ont faim d'avenir
Être pour eux des signes de tendresse
Au milieu de notre monde.

4
Offrir le pain de chaque cène
Aux gens qui ont faim dans leur cœur,
Être pour eux des signes d'Évangile
Au milieu de notre monde.

Parole de Dieu, *parole de vie*

Texte : C. Ponsard
Musique : J-F. Kieffer, KT25-04

Refrain
Parole de Dieu, parole de vie,
Parole de Dieu qui se donne
aujourd'hui.

1
Viens, Esprit Saint,
Nous donner ta lumière,
Ainsi nous comprendrons
La Parole de Dieu.

2
Viens, Esprit Saint,
Remplis-nous de ta joie,
Pour que nous
proclamions
La Parole de Dieu.

3
Viens, Esprit Saint,
Ouvre tout grand nos
cœurs,
Alors nous aimerons
La Parole de Dieu.